36.

SIMPLE SYSTÈME

DE

COLONISATION

ALGÉRIENNE

DE

M. D. LAUNAY

Commissaire civil du district de Marengo

A SON ALTESSE IMPÉRIALE LE PRINCE NAPOLÉON

CHARGÉ DU MINISTÈRE DE L'ALGÉRIE ET DES COLONIES.

Si la montagne ne vient pas à nous,
allons à la montagne.
MAHOMET.

ALGER

TYPOGRAPHIE ET LITHOGRAPHIE BASTIDE

1858

SIMPLE SYSTÈME

DE

COLONISATION

ALGÉRIENNE

DE

M. D. LAUNAY

Commissaire civil du district de Marengo.

À SON ALTESSE IMPÉRIALE LE PRINCE NAPOLÉON

CHARGÉ DU MINISTÈRE DE L'ALGÉRIE ET DES COLONIES.

Si la montagne ne vient pas à nous,
allons à la montagne,

MAHOMET.

ALGER

TYPOGRAPHIE ET LITHOGRAPHIE BASTIDE

1858

~~1859~~

SIMPLE SYSTÈME

DE

COLONISATION ALGÉRIENNE

A SON ALTESSE IMPÉRIALE LE PRINCE NAPOLÉON

Chargé du Ministère de l'Algérie et des Colonies.

Si la montagne ne vient pas à nous,
allons à la montagne.
MAHOMET.

MONSEIGNEUR,

Votre avènement à la haute direction de l'Algérie inaugure une ère nouvelle et fait concevoir les plus légitimes espérances pour les destinées de ce magnifique pays. Les hommes qui s'intéressent à son avenir et à sa prospérité se préoccupent surtout d'augmenter d'une façon sensible la population européenne, dont le chiffre est loin d'être en rapport avec l'étendue et l'importance de cette vaste et admirable contrée.

Pour arriver à la solution de cette question capitale, plusieurs moyens ont été indiqués dans ces temps derniers. Permettez-moi, Monseigneur, de vous exposer quelques idées su. le même sujet.

J'hésite d'autant moins à les soumettre à votre Altesse Impériale, que mon projet est facilement et promptement réalisable, et ce, sans recourir à des moyens autres que ceux dont l'administration dispose actuellement.

Si nous tournons les yeux vers la France, que trouvons-nous dans les campagnes? une nombreuse population agricole avide de propriété territoriale et qui n'a pas d'autre ambition que de posséder une parcelle de terre, si minime qu'elle soit. C'est pour atteindre ce but si envié, que dans toutes les provinces riches ou pauvres de la France, les ouvriers ruraux se livrent au plus dur labeur avec une ardeur immodérée — quand, à force de privations, ils parviennent, après de longues années, à amasser sou à sou une somme de mille ou deux mille francs, ils achètent un demi hectare ou un hectare de terre, quantité bien insuffisante pour leurs besoins.

Il n'est personne qui n'ait pu remarquer combien l'amour de la propriété est excessif chez les habitants de la campagne.

Transportons-nous maintenant de l'autre côté de la Méditerranée, à quelques lieues seulement de la France. Qu'y verrons-nous? Le pays le plus magnifique, les terres les plus fertiles placées providentiellement pour satisfaire le désir de propriété que nous venons de constater. Et quelle richesse dans ces terres qui ne demandent pour ainsi dire que des maîtres !

Nous avons donc d'un côté une population avide de posséder et de cultiver, de l'autre des terres disponibles et incultes. Il s'agit de rapprocher ces deux éléments qui se complètent l'un par l'autre.

Pour atteindre ce but voici le moyen que je propose :

Divisez l'Algérie en autant de parties que la France possède de départements (ou même d'arrondissements si vous voulez que le résultat soit plus tôt atteint). Confiez chacune de ces parties à un géomètre qui sera chargé de lever le plan, faire le croquis des terres dont l'Etat peut disposer et surtout d'en déterminer exactement la superficie. Ce travail devra être complété par un lotissement approximatif qui comprendra quinze à vingt hectares suivant les limites naturelles ou la qualité du terrain. Pour les terres litigieuses dont la domanialité ne pourra pas encore être établie, elles seront provisoirement réservées, et si plus tard elles font retour à l'Etat, elles serviront alors pour de nouvelles concessions.

Je me suis arrêté au chiffre de quinze à vingt hectares, parce que l'expérience m'a surabondamment démontré que c'est le plus rationel. Une étendue de terre moindre est insuffisante pour les besoins d'une famille. Si on adopte au contraire une étendue plus grande, on ne peuple pas assez le pays. Il est bien entendu, cependant, que ce système ne s'applique qu'aux concessions ordinaires, et qu'il n'est nullement exclusif des grandes exploitations qui ont aussi leur utilité, mais dont nous n'avons pas à nous occuper ici.

Lorsque cette première opération sera terminée, quand les géomètres auront étudié le terrain, dressé leur plan, loti approximativement les terres reconnues domaniales, la mission de ces agents sera loin d'être terminée.

C'est ici, au contraire, Monseigneur, que mon projet s'éloigne de ce qui s'est fait jusqu'à ce jour.

Les paysans français, surtout dans certaines provinces, et principalement dans celles qui sont le plus spécialement agricoles, n'ont pas l'esprit aventureux, ils sont au contraire essentiellement sédentaires, casaniers. Combien y en a-t-il qui meurent sans avoir jamais franchi les limites de leur paroisse et qui considèrent une excursion à deux lieues de leur clocher comme un véritable voyage? Ces gens réussiraient parfaitement dans ce pays-ci, s'ils y étaient une fois implantés; mais l'idée ne leur vient pas de chercher une contrée plus favorable où ils seront largement rémunérés de leurs peines. Ils ont besoin d'être encouragés, stimulés. Il faut faire ressortir à leurs yeux les immenses avantages qu'ils trouveraient ici. Disons donc comme jadis Mahomet : Puisque l'émigration ne vient pas à nous, allons vers l'émigration.

Je reviens à nos agents du service topographique; voici le rôle qu'ils auront à jouer, une fois leur travail préliminaire terminé en Algérie : ils cesseront temporairement d'être géomètres et deviendront agents de colonisation ou d'émigration pour le compte de l'Etat, peu importe la dénomination qu'on voudra leur donner.

Ne voyons-nous pas dans les petits états d'Allemagne des Compagnies d'émigration plus ou moins régulières, envoyer des agents qui recrutent un nombre considérable de colons pour l'Amérique ? Il est hors de doute que les nôtres, fonctionnaires publics, tenant du Gouvernement leur mission officielle, inspireront plus de confiance.

Chacun d'eux se rendra dans le département qui lui sera désigné et offrira en concession gratuite les terres dont il aura levé le plan. Je dis concession gratuite parce que le système de vente ne peut avoir pour effet certain que d'éloigner l'émigration au lieu de l'attirer.

Il sera bon, lorsqu'on choisira les agents, de prendre en considération le lieu de leur origine, afin qu'ils inspirent plus de confiance aux habitants du pays qu'ils auront à parcourir.

On devra aussi avoir soin d'offrir aux gens habitant les montagnes de France, des terres situées dans les contrées accidentées de l'Algérie. Il devra en être de même en ce qui concerne les plaines, de façon à placer autant que possible les futurs colons dans des conditions analogues à celles où ils se trouvent dans leur pays natal.

Les agents seront accrédités auprès des chefs de l'administration des départements dans lesquels ils auront à agir. De leur côté, ces hauts fonctionnaires devront donner des lettres de créance à nos envoyés algériens pour les Juges-de-paix, Maires, Curés, Percepteurs de leur circonscription administrative. Je regarde que ces fonctionnaires locaux sont plus à même qué personne de donner des renseignements exacts sur la population avec laquelle ils se trouvent continuellement en rapport. Il est bien entendu aussi que les Préfets ne devront pas se contenter de donner de ces lettres de recommandation banales qu'on jette au panier aussitôt après les avoir lues, et dont on ne tient aucun compte. Ils devront au contraire représenter nos agents comme investis de la confiance de sa Majesté l'Empereur et de son Altesse impériale le prince Napoléon, et donner le plus de relief possible à la mission dont il seront chargés. Ils pourront même les faire accompagner par des employés de leur administration au cas où ils le jugeraient à propos. Ils emploieront, en un mot, tous les moyens qu'ils ont à leur disposition, soit journaux ou autres, pour donner le plus de publicité possible à l'œuvre dont il est question, et augmenter l'influence de ceux qui en seront chargés. C'est à tort que certains administrateurs éprouveraient de la répugnance à favoriser l'émigration que nous voulons déterminer : ne doivent-ils pas préférer voir leurs administrés prospérer dans un pays nouveau, plutôt que de végéter misérablement dans leurs départements? Le Préfet de la Haute-Saône n'a-t-il pas donné l'exemple de ces sentiments? Les habitants de Vesoul-Bénian ont-ils à se repentir du parti qu'il ont pris, malgré les conditions défavorables dans lesquelles ils ont été placés? Quelques personnes pourraient craindre que l'émigration n'enlevât aux campagnes la main-d'œuvre agricole qui devient de plus en plus rare chaque jour, mais je répondrai à cette objection que les ressources dont j'exige plus loin la justification, rangent les émigrants dans une catégorie de gens qui ordinairement ne travaillent pas pour les autres.

Qu'auront à faire ensuite nos propagateurs d'émigration?

Ils devront, avant tout, agir avec prudence et discernement, prendre garde de ne pas se laisser entraîner par un zèle mal entendu ou inconsidéré, et ne conseiller l'émigration qu'aux gens pour qui ce changement de situation sera véritablement un bienfait.

Pour s'éclairer, ils devront consulter les fonctionnaires locaux que nous avons désignés. Quand ils seront suffisamment renseignés sur la position des gens qui auront intérêt à émigrer, ils se mettront en rapport avec ces familles et leur proposeront des terres sur lesquelles ils fourniront les indications les plus détaillées et les plus exactes. Ils le pourront mieux que personne, puisqu'en leur qualité de géomètres ils auront travaillé sur le terrain. C'est cette considération qui m'a déterminé à les choisir comme agents d'émigration.

On n'admettra pas à jouir de cette faveur indistinctement tous les individus qui se présenteront ; on devra, au contraire, exiger impérieusement qu'ils réunissent certaines conditions :

1° La production d'un certificat de moralité, afin de ne pas déconsidérer l'émigration. Il faut bien se garder de laisser croire que l'Algérie se recrute de gens mal famés et sans aveu. Ce serait, de prime-abord, éloigner les colons sérieux, honnêtes et méritants. On devra donc s'assurer par un contrôle facile, puisqu'on sera sur place, que les certificats produits ne sont pas dûs à la complaisance, mais qu'ils ne contiennent que l'expression de la vérité ;

2° De plus, les émigrants devront posséder, en numéraire, une somme de deux mille, ou au minimum de mille francs, si la famille se compose de personnes pouvant toutes se livrer au travail. Nous reviendrons plus loin sur cette condition ;

3° Enfin on devra, autant que possible, choisir des gens d'une robuste santé. Néanmoins, quant à cette dernière condition, on pourra ne pas se montrer très-sévère, car j'ai la conviction que bien des gens, valétudinaires, mal portants en France, recouvreront la santé, grâce à la douceur du climat de notre beau pays.

Il y a un point important que nos agents algériens ne devront pas perdre de vue : c'est que l'Algérie est peu connue, ou, pour mieux dire, est mal connue en France. Ils auront à rectifier les idées les plus singulières, à répondre aux questions les plus bizarres qu'on se puisse imaginer.

On ne se doute pas du tort que causent à l'Algérie certains troupiers facétieux qui rentrent dans leurs foyers après sept ans d'absence. Ces braves gens veulent à toute force avoir vu du merveilleux dans leurs voyages. Aussi, soit pour se rendre intéressants, soit pour étonner leurs compatriotes, lorsque le hasard de leur vie militaire les a amenés sur la terre d'Afrique, ils racontent les histoires les plus incroyables, les plus fabuleuses. Les Arabes sont transformés en sauvages féroces, presqu'anthropophages ; la terre est peuplée de monstres horribles ; on promène les femmes dans les rues, la corde au cou, comme des chevaux à vendre à la criée, et on les adjuge au plus offrant et dernier enchérisseur, etc., etc., etc. Il n'y a là nulle exagération. Je n'ai pas fait un seul voyage en France, depuis quatorze ans que j'habite l'Algérie, sans qu'il m'ait été adressé les questions les plus baroques et les plus saugrenues. On ne pourra donc apporter une trop grande complaisance, lorsqu'il s'agira de fournir les renseignements qui seront demandés, quelle que soit la naïveté des questionneurs.

Lorsque les engagements partiels auront été

préparés sur place par les soins des agents d'émigration, on assignera un jour auquel les émigrants devront se rendre au chef-lieu du département. Là se trouvera un fonctionnaire administratif d'un ordre supérieur, lequel, assisté du Préfet et du Conseil de préfecture (on ne saurait donner trop de solennité à cette cérémonie), recevra les émigrants en audience publique, sanctionnera tout ce qui s'est fait jusqu'à ce moment, et, enfin, délivrera les titres de propriété aux nouveaux colons, qui seront ainsi assurés de se trouver installés sur leur bien aussitôt après leur débarquement.

J'ai dit plus haut qu'une condition préalable, *sine qua non,* à imposer, était la justification des ressources. Pour éviter toute espèce de fraude à ce sujet, les colons, avant de recevoir leurs titres, devront verser la somme qu'ils auront déclarée à la caisse du Receveur général, qui leur délivrera un récépissé. Contre l'exhibition de cette pièce, le Trésorier payeur du lieu du débarquement leur remettra la somme déposée.

Quand nos gens en seront arrivés au jour du départ, l'Etat se chargera de les transporter à ses frais, afin de leur éviter, autant que possible, toute espèce de dépenses, et de laisser à leur disposition les fonds destinés à la colonisation. Cela sera facile et peu onéreux, aujourd'hui que la France est sillonnée sur tous les points par les chemins de fer. On pourra aisément les conduire jusqu'au port de débarquement, en appliquant le tarif moyennant lequel se fait, à prix réduit, le transport des troupes.

Ici nos agents d'émigration nous rendront un dernier service : ils termineront leur mission en accompagnant, jusqu'à destination, les émigrants qu'ils auront décidés à venir coloniser l'Algérie.

Mon projet serait incomplet s'il se terminait ici. J'ai dû naturellement me préoccuper du sort des nouveaux Algériens une fois qu'ils auront pris possession du sol d'Afrique.

L'Administration a d'autres devoirs à remplir envers les émigrants, que de leur fournir de la terre et de les suivre jusqu'à leur concession.

Que deviendront ces colons, éloignés du milieu dans lequel ils ont vécu jusqu'alors, dépaysés, étrangers sur cette terre qu'ils viennent habiter et qu'ils ont choisie comme leur patrie d'adoption ?

Construiront-ils une maison pour s'abriter eux et leur famille?

Mais, ne connaissant ni le prix des matériaux, ni celui de la main-d'œuvre, ni les ouvriers auxquels ils doivent s'adresser, ils perdront un temps infini, seront exploités à qui mieux mieux, et verront disparaître en peu de temps leur argent, qui sera à peine suffisant pour couvrir les frais d'une mauvaise construction? Comment vivront-ils alors, pendant qu'ils mettront leurs terres en valeur?

Voudront-ils, au contraire, se loger économiquement en se réfugiant, provisoirement, sous la tente ou dans des baraques? Leur position sera plus triste encore, car ils seront assaillis par les maladies ; s'ils ne sont pas décimés, ils seront certainement découragés et démoralisés.

Il faut donc trouver un moyen d'éviter à ces malheureux les ennuis et les difficultés de leur installation.

Voici la combinaison que je propose pour parer à cet inconvénient :

L'Etat traiterait à forfait avec une société d'entrepreneurs, qui s'engageraient, moyennant un prix convenu et uniforme pour toute l'Algérie, à bâtir des maisons dont on leur donnerait le modèle. Ces maisons se composeraient de trois pièces. Il est indispensable qu'il en soit ainsi, tant à cause de la décence qui doit être observée dans l'intérieur des familles, qu'au point de vue hygiénique.

D'après des renseignements dont l'exactitude ne m'est point suspecte, elles coûteraient à peine deux mille francs l'une. On leur donnerait différentes formes, afin d'éviter la monotonie d'un type toujours le même. Chaque modèle serait exécuté en relief, afin d'en mieux faire comprendre la distribution. La famille, lorsqu'elle s'engagerait avec l'agent d'émigration, indiquerait le genre de maison qu'elle voudrait avoir. On transmettrait immédiatement à la Compagnie, qui se mettrait de suite à l'œuvre, le désir des émigrants, et ceux-ci trouveraient, à leur arrivée, une maison toute construite, ou du moins sur le point d'être achevée.

Le mode de remboursement serait celui de l'amortissement.

Les colons payeraient chaque année et d'avance une somme calculée pour amortir le capital et moyennant laquelle ils seraient propriétaires de leur maison au bout de la neuvième année. Cette charge ne leur paraîtrait pas bien lourde et ils se trouveraient en peu de temps propriétaires incommutables d'une habitation solide et de quinze à vingt hectares de terres en plein rapport.

Je ne mets pas en doute qu'il ne se présente un grand nombre de concurrents pour traiter de la construction des maisons à des conditions probablement plus avantageuses que celles que j'indique. Qu'auront-ils à redouter ? l'Etat leur garantit l'intérêt de leurs fonds à sept et demi et même à dix pour cent.

Et l'Etat lui-même, qu'aura-t-il à craindre ? quels risques courra-t-il ? n'a-t-il pas pour couvrir sa responsabilité, la maison d'abord, au moins la première annuité qui devra toujours être payée d'avance, et enfin les travaux faits par le colon pendant tout le temps qu'il sera resté sur sa concession ? Ne trouvera-t-il pas toujours un concessionnaire nouveau qui sera heureux de se mettre aux lieu et place de celui qui aura été évincé, en remboursant l'annuité en retard ?

En résumé mon projet d'*émigration*, s'il est adopté, aura pour résultat de doter l'Algérie d'un grand nombre de colons sérieux, laborieux, habitués aux travaux des champs et disposant de ressources qui assureront leur succès.

En évaluant le nombre des familles émigrantes à mille par département (et je ne crois pas ce chiffre exagéré), la composition de la famille à trois personnes, et les ressources de chaque famille à 1,500 francs en moyenne, nous obtenons pour les quatre-vingt-six départements dont se compose la France les chiffres suivants :

Deux cent-cinquante-huit mille colons qui, à raison de quinze cents francs par famille apporteront en Algérie cent vingt-neuf millions de francs. Pour faire largement la part des éventualités, je réduis ces chiffres de moitié, et j'obtiens pour résultat certain cent vingt-neuf mille colons et soixante-quatre millions cinq cents mille francs. Ce résultat est-il à dédaigner?

Si par impossible je me trompais dans mes calculs en ce qui concerne la France, qui nous empêcherait de visiter l'Allemagne et l'Espagne?

Les émigrants trouveront surtout un avantage auquel ils attacheront certainement un haut prix, c'est qu'avant de quitter leur pays, ils seront porteurs d'un titre qui les rendra d'ores et déjà propriétaires incommutables d'une étendue de terres plus grande que celle dont ils ont jamais osé rêver la possession. Quant au prix de la maison qui grève leur concession, ils seront dans les conditions les plus avantageuses pour se libérer. Il est du reste bien entendu qu'ils pourront toujours s'acquitter par anticipation et que dans ce cas ils seront exonérés des intérêts à courir.

Par le système de l'amortissement appliqué comme mode de payement des maisons, j'obtiens un résultat non moins avantageux : d'une part, les colons sont bien logés dès leur arrivée, ne perdent pas de temps, échappent aux maladies ; et d'autre part je laisse à leur disposition presqu'intégralement toute la somme qu'ils ont pu réunir et qui ne sera pas détournée du but que nous voulons atteindre, de la colonisation.

Une objection, qui se présente tout d'abord à l'esprit, est celle-ci : Pour établir quarante-trois mille familles au minimum, il faut environ huit cent soixante mille hectares de terre, à vingt par famille. Cette quantité est-elle disponible? Je ne le pense pas; mais l'opération du cantonnement des Arabes, dont on s'occupe en ce moment, lève toute difficulté à cet égard. En outre, qui empêche d'appliquer partiellement ce projet, et d'en faire l'essai, à titre d'expérience, sur les terres actuellement reconnues domaniales? Il y en a.

Il est une foule de détails d'exécution dont je ne crois pas devoir parler ici, mais qu'il sera important de ne pas négliger, si l'on arrive à l'application du projet.

Un administrateur d'un grand talent, M. A. de Chancel, sous-préfet de Blidah, a publié, au commencement de cette année, une brochure sur une immigration des Nègres en Algérie. Son but était de procurer la main-d'œuvre à bon marché aux propriétaires du sol; le mien est de procurer des possesseurs à la terre. Ces deux idées, loin d'être exclusives l'une de l'autre, se complètent, au contraire, l'une par l'autre.

Tel est, Monseigneur, le projet que j'ai l'honneur de soumettre à Votre Altesse Impériale. Il est loin d'être brillant; la forme sous laquelle je l'expose n'a rien de séduisant, mais je lui crois le mérite d'être réalisable et d'une application facile, en raison même de sa simplicité.

Daignez agréer, Monseigneur, l'expression du profond respect et de l'entier dévouement avec lesquels j'ai l'honneur d'être,

De Votre Altesse Impériale,

Le très-humble et très-obéissant serviteur,

D. LAUNAY,

Commissaire civil du district de Marengo.

Marengo, le 25 octobre 1858.

ALGER. — TYPOGRAPHIE ET LITHOGRAPHIE BASTIDE.

www.ingramcontent.com/pod-product-compliance
Ingram Content Group UK Ltd.
Pitfield, Milton Keynes, MK11 3LW, UK
UKHW032041260826
14628UKWH00007B/3098

9 782013 673778